Henning Fleischmann

Message Passing Interface

GRIN Verlag

Bibliografische Information der Deutschen Nationalbibliothek:

Die Deutsche Bibliothek verzeichnet diese Publikation in der Deutschen National-
bibliografie; detaillierte bibliografische Daten sind im Internet über http://dnb.d-
nb.de/ abrufbar.

Dieses Werk sowie alle darin enthaltenen einzelnen Beiträge und Abbildungen
sind urheberrechtlich geschützt. Jede Verwertung, die nicht ausdrücklich vom
Urheberrechtsschutz zugelassen ist, bedarf der vorherigen Zustimmung des Verla-
ges. Das gilt insbesondere für Vervielfältigungen, Bearbeitungen, Übersetzungen,
Mikroverfilmungen, Auswertungen durch Datenbanken und für die Einspeicherung
und Verarbeitung in elektronische Systeme. Alle Rechte, auch die des auszugsweisen
Nachdrucks, der fotomechanischen Wiedergabe (einschließlich Mikrokopie) sowie
der Auswertung durch Datenbanken oder ähnliche Einrichtungen, vorbehalten.

Impressum:

Copyright © 2005 GRIN Verlag GmbH
Druck und Bindung: Books on Demand GmbH, Norderstedt Germany
ISBN: 978-3-656-64739-3

Dieses Buch bei GRIN:

http://www.grin.com/de/e-book/67059/message-passing-interface

GRIN - Your knowledge has value

Der GRIN Verlag publiziert seit 1998 wissenschaftliche Arbeiten von Studenten, Hochschullehrern und anderen Akademikern als eBook und gedrucktes Buch. Die Verlagswebsite www.grin.com ist die ideale Plattform zur Veröffentlichung von Hausarbeiten, Abschlussarbeiten, wissenschaftlichen Aufsätzen, Dissertationen und Fachbüchern.

Besuchen Sie uns im Internet:

http://www.grin.com/

http://www.facebook.com/grincom

http://www.twitter.com/grin_com

Georg-Simon-Ohm-Fachhochschule Nürnberg

Fachbereich Informatik

WS 2005/06: Seminar:

Parallelrechen

Ausarbeitung zum Thema

MESSAGE PASSING INTERFACE

Henning Fleischmann

Oktober 2005

Inhaltsverzeichnis

1 Einleitung

Das Message Passing Interface (MPI) ist ein Standard zur nachrichtenbasierten Kommunikation im Bereich der parallelen, numerischen Datenverarbeitung in Distributed Memory Systemen. 1992/93 wurde MPI von den Mitgliedern des Message Passing Forums in einer ersten Version (MPI-1) erarbeitet und 1994 verabschiedet. Ziel dieses Standards ist es, den Programmierern verteilter, paralleler Anwendungen eine einheitliche Programmierschnittstelle (API) zur nachrichtenbasierten Kommunikation zur Verfügung zu stellen. (MESSAGE PASSING INTERFACE FORUM 1995)

Sechs Monate nach der Verabschiedung des MPI-1 Standards erschien eine erste Implementierung mit dem Namen MPICH, entwickelt von Mitarbeitern der Universität Knoxville in Tennessee, USA. Mit weiteren Implementierungen wurde die Entwicklung des MPI Standards vorangetrieben. In den Jahren 1995 und 1996 wurden die MPI Standards 1.1 und 1.2 veröffentlicht.

In der aktuellen MPI Version 2.0, die 1995 begonnen und im März 1998 veröffentlicht wurde, wurden zusätzlich zu den bisherigen Funktionen zur nachrichtenbasierten Kommunikation auch Funktionen zur Prozessverwaltung, der Verwaltung von verteiltem, gemeinsamem Speicher (shared memory, in MPI-2 als Remote Memory Access bezeichnet) und paralleler Ein-/Ausgabe hinzugefügt. Des Weiteren wurde neben den bisherigen Bindungen an die Sprachen Fortran-77 und C auch Bindungen an C++ und Fortran-90 in den Standard aufgenommen

Man spricht heute von Konformität zu zwei Versionen von MPI. Der Name MPI-1 bezieht sich auf die Version MPI-1.2 und der Name MPI-2 auf die Version MPI-2.0 des MPI Standards. (GREIML 2004)

2 Prozessmodell

MPI besitzt ein statisches Prozessmodell. Alle Prozesse, die in einer MPI Laufzeitumgebung existieren, betreten und verlassen die Umgebung quasi gleichzeitig. Innerhalb der laufenden Umgebung existieren die Prozesse in Gruppen, die die Kommunikationsfähigkeit eines Prozesses innerhalb dieser Gruppen regeln. Die eigentliche Kommunikation in MPI erfolgt durch Zugriffe auf Kommunikatoren, die durch Gruppen definierten Kommunikationskanäle. (GREIML 2004)

Prozesse in MPI sind unabhängige Handlungsfäden mit getrennten Adressräumen. Es gibt keine Vorgaben von MPI wie die einzelnen Prozesse einer Anwendung am Anfang zu starten sind. Die meisten Implementierungen bieten dafür jedoch zwei verschiedene Möglichkeiten an:

- In einer Konfigurationsdatei wird jedem Rechner explizit ein Programm zugeordnet, das er auszuführen hat. Auf diese Weise kann im MPI das MIMD Modell (multiple instruction multiple data) realisiert werden. Jeder Prozess arbeitet mit eigenen Daten und einem eigenen Programm.

- Auf allen Rechnern die in einem bestimmten Maschinenfile eingetragen sind wird das gleiche Programm gestartet. Dadurch wird in MPI das SIMD Modell (single instruction multiple data) realisiert. Jeder Prozess arbeitet mit eigenen Daten und dem gleichen Programm.

Im MPI Standard 1.2 wird das dynamische Starten und Beenden von Prozessen oder Threads nicht spezifiziert. (EDELMANN 1997)

3 Gruppen, Kontexte und Kommunikatoren

Eine Gruppe beschreibt eine abzählbare Menge von Prozessen. Jeder Prozess besitzt innerhalb einer Gruppe einen eindeutigen Identifikator (rank). Mehrere bestehende Gruppen können zu einer neuen zusammengefasst werden, wodurch sich Gruppenbäume und -hierarchien aufbauen lassen. Eine neue Gruppe kann auch aus einer Untermenge von Mitgliedern einer anderen Gruppe gebildet werden.

Ein Kontext ist eine Eigenschaft eines Kommunikators, der eine Partitionierung des Kommunikationsraumes erlaubt. Damit lassen sich verschiedene voneinander geschützte "Kommunikationswelten" in MPI Applikationen anlegen. Nachrichten eines Kontextes können von Mitgliedern eines anderen Kontextes nicht empfangen werden. Kontexte sind keine expliziten MPI Objekte. Sie stellen jedoch einen Teil des Realisierungskonzeptes für Kommunikatoren dar.

Kommunikatoren legen den Raum und Geltungsbereich für alle Kommunikationsoperationen fest. Jedem Kommunikator liegt eine Gruppe zugrunde, er hat einen eigenen Raum von message tags, und er kann einen Errorhandler und Attribute besitzen. In Abhängigkeit von der Ausdehnung des Kommunikationsbereiches werden zwei Typen von Kommunikatoren unterschieden:

- Intrakommunikatoren: für Operationen innerhalb einer Gruppe
- Interkommunikatoren: für Punkt-zu-Punkt-Kommunikation zwischen zwei Prozessgruppen. (EDELMANN 1997)

4 Kommunikation

Das Senden und Empfangen von Nachrichten ist der grundlegende Mechanismus für die Kommunikation in MPI. Jede Nachricht besitzt eine Art Briefumschlag (message envelope), welcher Sender, Empfänger, message tag und Kommunikator angibt.

Sender und Empfänger werden durch den Rang (rank) im Kommunikator identifiziert. Der Kommunikator selbst bezeichnet den Kontext, in welchem die Kommunikation stattfindet. Einfache, schwach strukturierte Kommunikation kann immer über den Kommunikator MPI_COMM_WORLD erfolgen. Hierbei sind alle Prozesse innerhalb der Laufzeitumgebung ansprechbar. Das message tag ist ein Integerwert und dient als eine Art Stempel. Es erlaubt die Unterscheidung von Nachrichtentypen.

Außerdem wird bei jedem Kommunikationsvorgang der Datentyp der Nachricht angegeben. Dadurch wird dem Nutzer die Sorge um Byteordering und Datenkonvertierung in heterogenen Systemen wie z.B. Workstation-Clustern abgenommen. MPI sorgt selbst für die Umwandlung in eine Netzdarstellung und die Rückkonvertierung in den Datentyp, der als Parameter in der Empfängeroperation angegeben wurde. Beispiele für diese Datentypen sind u.a. MPI_INTEGER, MPI_CHAR, MPI_FLOAT, MPI_SHORT und MPI_BYTE. Weiterhin können eigene, komplexe Datentypen definiert werden. (EDELMANN 1997)

4.1 Point-to-Point Kommunikation

Kommunikation zwischen genau zwei Prozessen, einem Sender- und einem Empfängerprozess, wird als Point-to-Point Kommunikation bezeichnet. Hierbei sind Sender und Empfänger explizit durch den Kommunikator (z.B. `MPI_COMM_WORLD`) und die jeweiligen Ränge in der Prozessgruppe bekannt. MPI unterscheidet hierbei zwischen blockierender und nicht blockierender Kommunikation. Zudem wird zwischen ungepufferter und gepufferter Kommunikation, d.h. Kommunikation über die Puffer der Laufzeitumgebung, unterschieden. Im letzteren Fall gilt eine Nachricht als verschickt, sobald sie in den Puffer der Kommunikationsumgebung geschrieben wurde. Diese Form der Kommunikation entkoppelt den Prozess von der eigentlichen Kommunikation. Die Kommunikation läuft in drei Phasen ab:

1. Die Daten werden aus dem Sendepuffer geholt und eine Nachricht erzeugt.
2. Die Nachricht wird vom Sender zum Empfänger übertragen.
3. Die Daten von der eingegangenen Nachricht werden in den Empfangspuffer geschrieben. (GREIML 2004)

4.2 Kommunikationsmodi in MPI

Für jede Sende und Empfangsoperation gibt es eine blockierende und eine nicht blockierende Variante. Eine blockierende Operation kehrt erst zurück, wenn die Nachricht je nach Modus dem Empfänger übermittelt oder in einen Puffer zwischengespeichert wurde. Das bedeutet, dass der Nutzer danach wieder frei über den Puffer verfügen kann. Die nicht blockierenden Funktionen kehren sofort zurück und liefern einen Request-Handle. Mit Hilfe dieser Handles und weiterer Testfunktionen kann man prüfen, ob die Operation beendet ist. Erst dann darf über den Puffer wieder verfügt werden.

MPI stellt für die blockierende wie für die nicht blockierende Variante vier Kommunikationsmodi zur Verfügung.

standard: Es bleibt MPI überlassen, ob letztendlich die Übertragung gepuffert oder synchron abläuft.

gepuffert: Der Nutzer muss vor dem Senden selbst einen Puffer bereitstellen, in dem die Daten gespeichert werden, bis die Empfangsoperation sie benötigt. Die Sendeoperation wird beendet, unabhängig davon, ob eine passende Empfangsoperation gestartet wurde. Damit wird im Prinzip das Senden vom Empfangen entkoppelt.

synchron: Das Senden kann beginnen, unabhängig vom Start einer Empfangsoperation. Die Operation wird jedoch nicht beendet, bevor die passende Empfangsoperation begonnen hat, Daten in den Empfangspuffer zu kopieren. Wenn Sender und Empfänger blockierende Operationen verwenden, hat dieser Modus einen synchronisierenden Effekt.

ready: Der Empfänger muss bereits eine Empfangsroutine gerufen haben, damit ein Send im ready Modus fehlerfrei zurückkehrt. (EDELMANN 1997)

5 Unterschiede zwischen PVM und MPI

PVM (Parallel Virtual Machine) und MPI werden oft miteinander verglichen, unter der Annahme, dass beide verschiedene Lösungen für das gleiche Problem darstellen. Man kann jedoch davon sprechen, dass beide Systeme oft unterschiedliche Probleme lösen und für die Lösung ein und desselben Problems unterschiedliche Ansätze verfolgen.

Ein Ursprung der Unterschiede resultiert aus der unterschiedlichen Entstehung der beiden Systeme. PVM wurde durch eine einzige Forschungsgruppe entworfen und implementiert. Design und Implementierung sind hier sehr stark verzahnt. MPI wurde durch das MPI Forum, unabhängig von einer speziellen Implementierung, entworfen. Die Funktionalität des Entwurfs musste über das gesamte Forum vereinbart werden, dessen Mitglieder oft sehr unterschiedliche Implementierungsszenarien dazu im Kopf hatten. So wird oft die Spezifikation von MPI mit der Implementierung von PVM verglichen.

Ein Standard wie MPI sieht z.B. keine besondere Fehlerbehandlung vor, denn man erwartet von einer guten Implementierung keine Fehler. PVM sieht jedoch eine umfassende Unterstützung im Fehlerfall vor aber auch einzelne Implementierungen von MPI sind mit einer Fehlerbehandlung ausgestattet. Jede Form von Routine die in einem

Standard vorgeschrieben wird muss durch eine Implementierung des Standards umgesetzt werden. PVM kann für unterschiedliche Umgebungen unterschiedliche Funktionalitäten bieten, MPI als ein Standard ist hier stärker gebunden.

Der größte Unterschied liegt in der Behandlung der Ressourceninformationen, die verwendet werden um den Ort eines neuen Prozesses zu bestimmen. PVM stellt dem Nutzer ein einfaches, verteiltes Betriebssystem (virtual machine) zur Verfügung. MPI stellt keine virtuelle Maschine bereit: MPI stellt aber Möglichkeiten der Kommunikation zur Verfügung, die die Funktionalitäten eines verteilten Systems unterstützen. (GROPP/ LUSK 1998)

Literaturverzeichnis

/1/ **Edelmann, F. (1997)**: Ablaufszenarien für Client-Server Anwendungen mit CORBA 2.0, Chemnitz: TU Chemnitz.

/2/ **Greiml, A. (2004)**: "Message Passing Interface",<http://www.syssoft.uni_trier.de/ systemsoftware/Download/Fruehere_Veranstaltungen/Seminare/ Middleware/middleware.3.book.html#pgfId=990356>, 19.10.2005.

/3/ **Gropp, W./Lusk, E. (1998)**: "Why Are PVM and MPI So Different?", <http://www-unix.mcs.anl.gov/~gropp/bib/papers/1997/pvmpaper.ps>, 20.10.2005.

/4/ **Message Passing Interface Forum. (1995)**: "MPI: A Message-Passing Interface Standard", <http://www.mpi-forum.org/docs/mpi-11-html/mpi-report.html#Node0>, 15.10.2005.